T0055205

Sonríe
Título original: *Itsumo egao de*
Texto: Yuriko Usami
Ilustraciones: Shinichi Emura

Segunda edición: junio 2006

Alcalá de Guadaira, 26 - 08020
Barcelona

Edición original: PHP Institute, Inc.
Publicado con la autorización de PHP Institute, Inc., a través de Japan Foreign-rights Centre

Directora de colección: Arianna Squilloni
Traducción: Jordi Mas López
Revisión: Aloe Azid
Diseño gráfico: Takako Koyama
Adaptación gráfica: José Miguel Rodrigo

ISBN: 84-96473-52-X
Depósito legal: B-18644-2006

Impreso por I.G. Mármol S.L.,
Sant Andreu de la Barca, España

www.thuleediciones.com

Prólogo

No te gusta cómo eres ahora.

No te muestras tal como eres, no eres valiente,
y, aún así, siempre te comparas con los demás.

Y por eso sientes preocupación.

Y piensas que ya es hora
de hacer algo contigo,
y deseas con todas tus fuerzas
aprovechar bien la vida.

Por eso, seguro que pronto lo vas a encontrar.

A tu yo feliz,
al yo que no se preocupa por esto
y por lo de más allá,
al yo que duerme en lo más profundo
de tu corazón.

Al yo que siempre sonríe.

Intentas acabar con lo que no te gusta de ti,
sin embargo, parece crecer sin parar.

¿Por qué
no dejas un momento en el suelo
ese equipaje tan pesado
que ahora cargas en tu corazón?

Así, descansa un poco.

Es posible, quizás,
que más tarde comprendas
que este pesado equipaje
te es necesario,
que es importante para ti,
pero ahora no lo necesitas.

Deshazte de la carga,
no pienses en nada,

emprendamos el viaje hacia el corazón.

En él te guiará
una extraña criatura cuyo nombre es Yoyo.

Yoyo
es el amigo que mejor te conoce.

Quizás se trate
de *tu verdadero yo...*

Tómate todo el tiempo que necesites
para hablar,
reír, llorar, desahogarte de corazón.

Seguro que después tendrás mucho
mejor ánimo.

Sin duda, cuando regreses del viaje,
te sorprenderá la ligereza del equipaje
que habías dejado atrás.

Vamos, salgamos juntos a buscar
algo realmente importante.

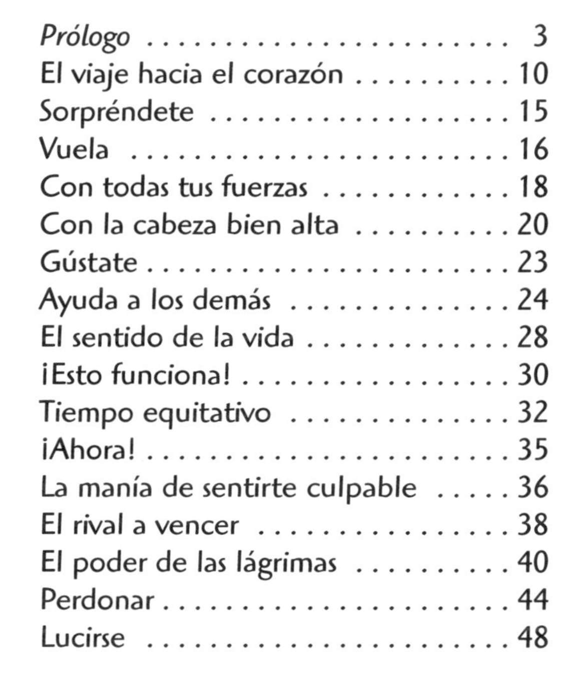

Índice

Prólogo 3
El viaje hacia el corazón 10
Sorpréndete 15
Vuela 16
Con todas tus fuerzas 18
Con la cabeza bien alta 20
Gústate 23
Ayuda a los demás 24
El sentido de la vida 28
¡Esto funciona! 30
Tiempo equitativo 32
¡Ahora! 35
La manía de sentirte culpable 36
El rival a vencer 38
El poder de las lágrimas 40
Perdonar 44
Lucirse 48

¡Oye!... 51
Un día apasionante 52
Un pequeño deseo 54
Has llorado 57
Un poco de valentía 58
Los amigos 62
El País de las Maravillas 66
Ese frescor 69
Atardecer 70
Todos somos importantes 72
La lluvia llueve 74
Un cristal de nieve 76
Ser uno 80
Aunque no sepas explicarte 84
Un regalo 86
No dejes escapar las oportunidades 88
Sé valiente 90

El viaje hacia el corazón

Abre suavemente la puerta
y emprende el viaje hacia el corazón
para encontrarte.

Para conseguir gustarte más.

En realidad, siempre querrías lucir una sonrisa,
¿verdad?

Seguro que te está esperando un yo
más sincero y encantador
que el que ahora te imaginas.

Un yo que quizás se muere de ganas
de que lo descubras.

«Si confiara más en mí,
seguro que la vida sería mucho más fácil...»

«Si me gustara,
seguro que sería más alegre...»

No sólo tú
piensas así.

Seguramente, todos queremos
gustarnos más.

Todos deseamos
vivir nuestra vida con más alegría.

Por eso,
debes emprender el viaje hacia el corazón,
para liberarte.

Pero si antes no te dices: «¡Sí, quiero hacerlo!»,
no puedes empezar el viaje.

Sorpréndete

Cuando consigues hacer algo difícil,
o hacer algo muy bien, o hacer muchas cosas,

puedes llegar a sorprenderte.

Pero cuando más orgullo puedes sentir
es cuando consigues hacer algo personal,
algo que nadie puede imitar.

Por lo tanto, primero
tienes que crear tu propio mundo.

No con cosas increíbles,
sino con cosas increíblemente divertidas.

Vuela

Cuando somos niños,

nos fascina la idea de poder volar,
deseamos con todas nuestras fuerzas tener alas.

Pero ahora,

desde que sabes que volar es imposible,
sólo tienes en cuenta las cosas
que no puedes hacer.

Y por eso, la vida se vuelve cada vez
más aburrida...

¿Por qué no intentas volver a tener ese sueño,
tan ingenuo que te dan ganas de echarte
a reír?

No se trata de si puedes o no,

sino de lo divertido que sería
vivir ese sueño.

Con todas tus fuerzas

«No me importa lo que me pueda pasar.»

Cuando de verdad piensas así
e intentas desesperadamente hacer algo,
brota de ti una fuerza que parece increíble.

Quien ha hecho eso en la vida,
aunque sólo sea una vez,
es feliz.

Porque en ese momento comprendes
que puedes convertirte en lo que quieras.

Y por eso,
a partir de ese momento,
tu vida empieza a cambiar realmente.

Con la cabeza bien alta

Cuando no puedes vivir de acuerdo contigo,
tu corazón se cansa.

Ya no sabes distinguir qué es lo correcto,
y aunque te esfuerces, sientes vacío
en tu interior,

y mientras por fuera finges seguridad,
poco a poco te vas diluyendo.

Cuando tengas esa sensación,
por pequeña que sea,
no te compares con los demás.

No importa lo ridículo que sea,
no importa lo inútil que te parezca:

haz sin ningún reparo
aquello que te haga sentir más feliz.

Y continúa haciéndolo hasta que puedas decir,
con la cabeza bien alta:
«Ésta es la vida que quiero».

Gústate

¿Cuándo te gustas más?

¿Cuando apenas sientes ambición?
¿Cuando perdonas los errores de los demás?
¿Cuando confías en ti de corazón?

Te gustaría ser así,
pero si te cuesta demasiado,
he aquí una buena idea:

haz que lo que piensas,
lo que dices
y lo que haces

sea exactamente lo mismo.

Si lo haces así,
seguro que te gustarás.

Ayuda a los demás

Esto es lo mejor
para escapar del dolor
que ahora te atenaza:

ayuda a los demás.

Éste es el modo más rápido
de escapar de la soledad
que ahora te envuelve:

haz todo lo que puedas por los demás.

Lo que tú quieres,

lo conseguirás dándoselo a los otros.

Si lo intentas, seguro que lo entenderás.

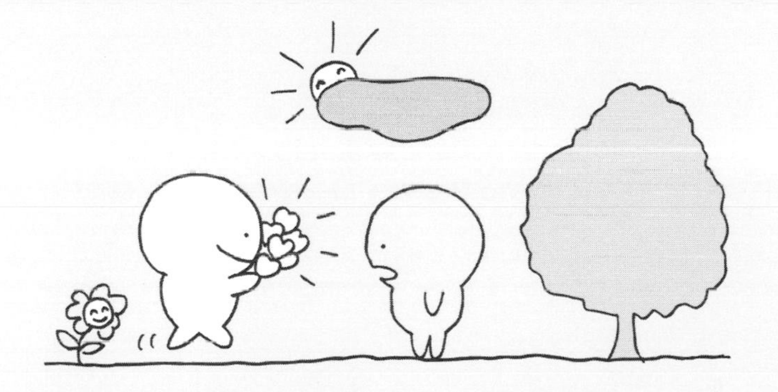

Cuando te sientas mal,
ofrecer tu amor a los demás
te ayudará.

Te detienes a pensar
en el sentido de la vida.

Piensas esto, lo otro,
lo de más allá,
y no llegas a ninguna conclusión.

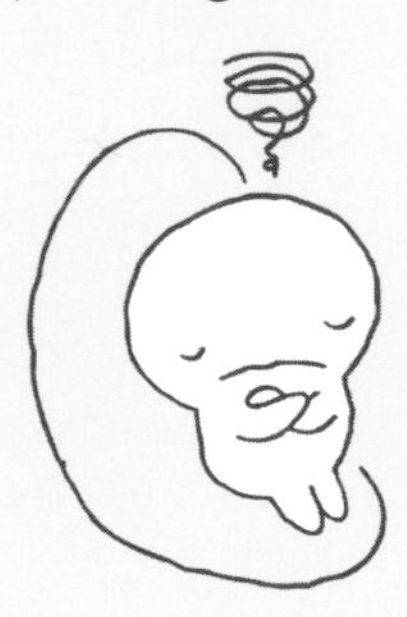

Y al final miras al cielo,
y decides vivir, simplemente.

Y por lo tanto,

te das el sabio consejo
de vivir con la máxima intensidad posible.

Si lo haces así, seguro que lo
descubrirás:
el sentido de tu vida.

¡Esto funciona!

A veces sientes tanto vacío...

Te entran ganas de llorar
porque no consigues hacer nada...

Entonces sientes que no tienes remedio,
y te gustaría ser otra persona.

En estas ocasiones,
grita sin miedo, con todas tus fuerzas.

¡Ya verás qué increíble experiencia!

Tiempo equitativo

Aunque llegaras a poseer millones
y pudieras presumir de tu riqueza,

con ese dinero no podrías recuperar el ayer,
y tampoco podrías comprar el mañana.

Aparte de lo que puedas hacer hoy,
aparte de vivir al máximo este instante,
no hay nada más que puedas hacer.

Ese tiempo que denominamos mañana
no puede vivirse hasta que se convierta en hoy,

y el ayer,
ese tiempo que ya ha terminado,
no se puede volver a vivir.

Por lo tanto, es posible
que lo que llamamos ayer,
y lo que llamamos mañana,

no exista.

Sólo existe el hoy, el día presente,
que todos recibimos de manera equitativa.

Hoy, ese día único, tan sumamente valioso.

SUEÑO

¡Ahora!

Si ahora
no persigues tus sueños,
nunca llegará ese *otro día*.

Por mucho que después te busques,
nunca volverás a ser como ahora.

Por eso,

intenta hacer realidad tus sueños
ahora.

La manía de sentirte culpable

Si algo no sale bien,
te sientes culpable.

Es algo muy fácil de hacer.

Ya tienes la costumbre,
no molestas a nadie,
y además, así,
la gente que te rodea te consuela.

Está bien reflexionar sobre los errores
que cometes,
pero cuando te sientes culpable, te deprimes,
y pierdes el ánimo y la confianza en ti.

Y al final,
huyes de lo que te da miedo.

Y te hartas cada vez más de ti,
y cada vez te sientes más culpable.

Cada vez que lo haces,
te haces daño.

¡Ya está bien!

¡Deja ya
este comportamiento absurdo!

¿Por qué no intentas sacar valor
de tu flaqueza?
En lugar de hacerte daño,
¿por qué no crees en ti incondicionalmente?

Y lo intentas de nuevo.

Y cuando hayas acabado,
ya puedes pensar en lo siguiente.

El rival a vencer

Cuando seas derrotado,
no tienes en absoluto por qué avergonzarte.

Siempre
que no le eches la culpa a los demás.

En realidad,
puedes vencerle sin ningún problema.

Al quejica que llevas dentro.

El poder de las lágrimas

Las lágrimas te hacen feliz.

Cuando estés triste,
sea cual sea la razón,
llora.

No reprimas tus emociones,
déjalas salir.

Si cuando sientes dolor
intentas ocultarlo,
o engañarte,

el dolor
nunca acabará de desaparecer,
y se transformará en rabia,
y te oprimirá el corazón.

Y al final,
llega un momento, irremediablemente,
en que explota.

Por lo tanto,
no intentes reprimir la tristeza.

Antes de que se transforme en rabia,
échate a llorar sin pudor.

No te preocupes por nada
mientras las lágrimas que fluyen
te van limpiando el corazón.

Los que sufren de verdad
son los que no saben llorar.

Perdonar

«¿¡Cómo puedo perdonar a alguien
que me ha hecho algo así!?»

Espera un momento, si has pensado esto.

Si no le perdonas,
eso significa que tú
no te esfuerzas en comprender.

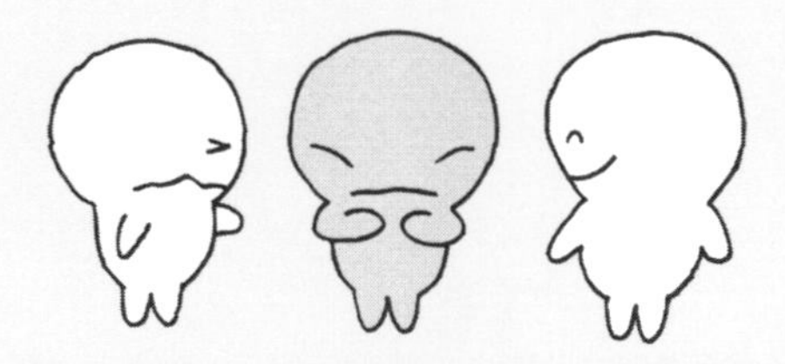

Si consideras lo que el otro ha dicho,
o hecho,
desde otro punto de vista,

verás una película completamente diferente.

Si le das la vuela a la premisa
de que «yo tengo razón»,

todo dejará de ser bueno o malo
para ser simplemente tal como es.

Es posible,

que el otro
no quisiera hacerte algo tan terrible,

sino que sólo sintiera miedo e intentara
protegerse,
o que tenga una herida que no sabe
cómo curar,
y descargue su rabia en los demás,
o que sienta envidia.

En cualquier caso,

es alguien que está pasando por la experiencia
de luchar contra sí mismo y salir derrotado.

Porque si no puedes dominarte,
no puedes amar a los demás.

Por lo tanto,

brίndale tu amor

y simplemente perdona.

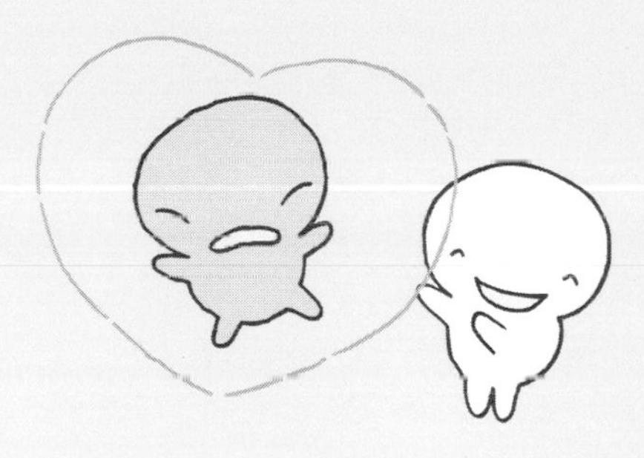

Lucirse

Cuando te esfuerzas
por lucirte

y no te valoran lo suficiente,
sientes tristeza.

Como no te sale bien,
te deprimes.

Pero no quieres que te rechacen,
y vuelves a hacerlo:
intentas lucirte.

¿Es que nadie
te lo va a decir?

Eres una maravilla
tal como eres,
no te hace falta fingir.

¡Oye!...

Hoy te ha sucedido algo
que no está mal.

Y no has tenido la sensación
de ser poca cosa,

sino que
te has alegrado de corazón,

y has dado gracias
por ser tú.

Un día apasionante

Cada día,
hay muchísimas cosas que tienes que hacer,
quieras o no.

Cuando te das cuenta,
el día ya se ha acabado.

Y después, lo único que te queda
es el cansancio.

Uno de estos días, piensa:
«Lo que pueda dejar para mañana,
no lo haré hoy».

Escoge un día para hacerlo
y regálatelo:

un día de descanso
para hacer sólo cosas que te mueres
de ganas de hacer.

¡Estaría bien tener un día así!

¿No te parece?

Porque aunque aún no hayas hecho nada,
sólo con decidir
que te vas a regalar ese día,

tu cuerpo
respira aliviado,

y tu corazón
empieza a saltar de alegría.

Y te sientes bien, y sensible,
Y se apodera de ti la pasión y la belleza.

Un pequeño deseo

Quiero decirme la verdad.

Para que la felicidad

no pase de largo...

Has llorado

Has llorado hace un momento.

Pero
ha sido una suerte
que las lágrimas cayeran sin cesar.

Si hubieras continuado aguantándote,
quizá te habría estallado el corazón.

Ha sido una suerte, poder llorar:
ahora te sientes un poco mejor.

Por eso
das las gracias a tus lágrimas.

Un poco de valentía

Lo has intentado.

No lo has conseguido.

Pero te alegras de haberlo intentado.

Porque has comprendido
que aunque sientas
pereza,

la vida es mucho, muchísimo
más divertida
cuando haces algo
que cuando no haces nada.

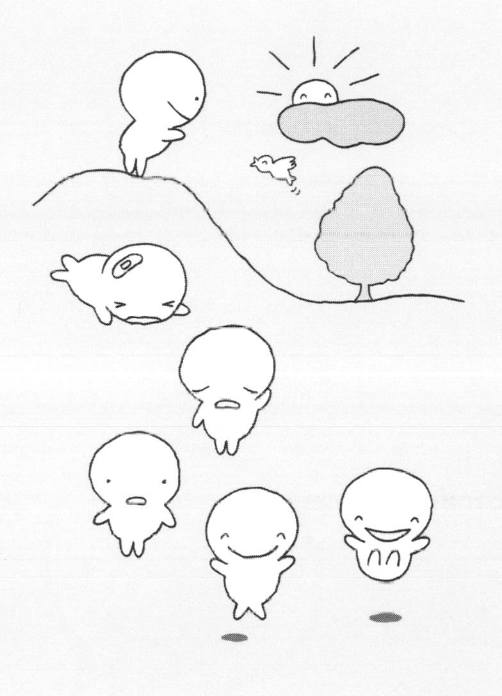

Los amigos

He encontrado un árbol enorme.

Era tan imponente,
que me he quedado con la boca abierta.

Al final del grueso tronco
crecía una copa de innumerables hojas,

y el tronco
vivía del alimento
que extraía de la tierra.

Quizá,

la humanidad sea algo parecido...

Cada uno de nosotros sea una hoja
que vive en el gran árbol
que es la Tierra.

Y ese árbol que es la Tierra
vive hundiendo sus raíces en el suelo
del universo.

No hay ninguna razón para que las hojas
compitan las unas con las otras,

y, por supuesto,
es terriblemente triste
que peleen entre sí
y se hagan daño.

Cada una de las hojas,
desde que nace,

es una amiga
que comparte su vida con las demás.

El País de las Maravillas

Sería divertido,
vivir ingenuamente.

Te emocionarías
con cada una de las pequeñas cosas
que fácilmente pasan desapercibidas,

y darías saltos de alegría,
te emocionarías
por motivos triviales.

Y así,
aunque tu vida fuera de lo más corriente,
te parecería maravillosa. Si lo piensas bien,

esto
era lo normal en tu infancia.

O sea que el País de las Maravillas
siempre ha estado aquí.

En el mundo ingenuo de aquella época.

Ese frescor

Ahora que lo pienso, la había olvidado
completamente:

esta sensación tan refrescante.

Me he levantado temprano.

Cuando me he asomado a la ventana
para mirar el cielo,
ha entrado una ráfaga de brisa primaveral.

He cerrado un momento los ojos
y me he dejado invadir por ese frescor.

Y poco a poco se me han relajado las mejillas,
y ha aflorado en mi cara una sonrisa
de agradecimiento.

Atardecer

Me gusta el mar al atardecer.
Me gustan los reflejos de las olas.

Aquel día, también los estuve
contemplando fijamente.

Penetraban poco a poco
en mi cansado corazón,
junto con el color violeta pálido del cielo.

El sol se fue volviendo rojo lentamente,
y se redujo a una mancha
cada vez más pequeña.

Y cuando me di cuenta,

ya había desaparecido.

Y por tan poca cosa
se me cayeron las lágrimas.

Todos somos importantes

Cuando llega el otoño,
el bosque adquiere diferentes colores.

Las hojas
parecen cambiar de tonalidad
de un día para otro,

y los senderos
se cubren de hojas secas cada día.

Sin embargo,
también hay árboles que no cambian de color,
y su aspecto, tan diferente del resto,
da una gran variedad y riqueza al bosque.

Hay hojas que cambian de tonalidad,

y hojas verdes,

y hojas secas,

y no nos preguntamos en absoluto
cuáles son más importantes,
cuáles son mejores.

Y por eso el bosque es tan bello.

La lluvia llueve

La lluvia tiene mucho trabajo.

Y todo el mundo, según sus circunstancias,

dice que la lluvia es deprimente,

o que es beneficiosa,

o lo que más le conviene.

Y, sin embargo,
la lluvia se limita a llover.

Tanto si la critican como si la alaban,
la lluvia cae majestuosa, de principio a fin.

Tal como la lluvia llueve,

tú
tienes que ser tú.

Diga lo que diga la gente,
tú eres tú.

Un cristal de nieve

Los copos de nieve caen danzando.

¿Alguna vez
te has puesto un cristal de nieve en la mano?

Sin querer, darás un grito de sorpresa,
exhalarás un suspiro.

«¡La naturaleza es asombrosa!», pensarás.

Los cristales de nieve

nacen en un instante,
desaparecen en un instante.

Pero esos instantes,

son todos diferentes, y maravillosamente bellos.
Al verlos, te das cuenta de que sólo
la naturaleza podría crearlos.

Quizás sucede lo mismo con la humanidad.

Todos somos diferentes,
todos somos realmente dignos de amor.

No hay duda de que por eso nos han hecho así.

Ser uno

Uno causa daño, el otro se resiente.
Eso significa que son *uno*.

Por eso,

al intentar clavar un clavo,
si la mano que sostiene el martillo
golpea la izquierda por error,

la derecha no se enfada con la izquierda
por estar despistada,

y la izquierda no reprocha a la derecha
lo que le acaba de hacer.

En absoluto. En lugar de eso,

la mano derecha suelta el martillo
inmediatamente
e intenta calmar el dolor del dedo herido.

Ahí sólo hay amor.

Porque, en el fondo,
son una.

Los hombres entre ellos,
los hombres y la Tierra,

¿no podrían ser
como la mano derecha
y la mano izquierda?

Aunque no sepas explicarte

Es difícil
expresar con palabras
lo que siente el corazón.

Buscas las palabras adecuadas,
y no consigues hacerte entender.

Miras la expresión de quien te escucha
y los nervios te dominan.

Siempre piensas
en lo maravilloso que sería
poder explicar cómo te sientes
lisa y llanamente,

pero no lo has conseguido ni una sola vez.

No sabes explicarte.

Pero algunas veces sí puedes conseguirlo.

Observa bien
lo que siente el otro.

Al hacerlo,
puedes percibir aquellos sentimientos difíciles
de expresar con palabras,
y no se te escapan ni sus más mínimos
gestos de afecto.
Y también te das cuenta al instante
de cuándo te están mintiendo.

Quizás sea más fácil comunicarse
de corazón a corazón
que utilizando las palabras.

¡A lo mejor
es algo maravilloso!

Porque significa
que tú también, alguna vez,
puedes entablar una comunicación realmente
profunda.

Un regalo

¿En quién puedes confiar para sentirte en paz?

¿En alguien que parece digno de confianza?

¿En Dios?

No, no es así.

Si vives sin darte excusas, con la máxima
intensidad, puedes llegar a gustarte.

Y una vez te gustes,
como la vida que vives es tuya,
decidirás que puedes continuar gustándote
siempre.

Eso significa que confiarás en ti.

Entonces,
sin ni siquiera intentarlo,
te sentirás en paz.

La paz
es una especie de regalo.

No dejes escapar las oportunidades

Los finales y los principios
siempre vienen de la mano.

Cuando sientas
que algo ya no tiene valor para ti,
déjalo inmediatamente,
sin ningún temor.

Si lo haces,
en ese mismo instante surgirá
un universo nuevo.
Y tú también te sentirás una nueva persona.

Si alguna vez

piensas que la vida que llevas
es aburrida,

reúne todo tu valor,
y quédate por una vez con las manos vacías:

para asegurarte de que no dejarás escapar
todas las oportunidades
que te van a llover del cielo.

Deja atrás el dolor.

Deja atrás la tristeza.

Nunca,

pase lo que pase,

te abandones.